MATTHIAS SLUNITSCHEK   STEFAN WEIGAND

SCHWÄBISCH HALL

MATTHIAS SLUNITSCHEK   STEFAN WEIGAND

SCHWÄBISCH HALL

DIE SCHÖNHEIT AM KOCHER

molino

Es ist fürwahr ein höchst merkwürdiger Ort und kann wohl einer 100 Meilen reisen, eh er dergleichen antrifft! Zwar ist darin nicht, wie wir es uns vorgestellt, alles von Salz, doch sind es die vornehmsten Gebäude, als das Rathaus, der große Marktbrunnen mit der Bildsäule von Loths Weib und besonders die prächtige Sankt Michaelskirche … Was die Privatgebäude anbelangt, so sind sie wohl mehrenteils von Stein. Wenigstens habe ich auf meinem Umgang durch die Hauptstraßen etliche und 20 Häuser an verschiedenen Stellen mit der Zunge betastet und probiert, aber auch nicht den mindestens Salzgehalt vermerken können. Hingegen sonst ist dieser Gottesgabe ein unerschöpflicher Reichtum in dem Erdboden hier herum niedergelegt. Es werden … alljährlich, ich weiß nicht wie viele Zentner Salz ausgegraben! Da lernt man sich recht beugen vor den Wundern der Schöpfung.

EDUARD MÖRIKE, 1844

Schwäbisch Hall
DIE SCHÖNHEIT AM KOCHER

Captured

Not long ago, there was a small outpost of the Schwäbisch Hall prison on *Kleincomburg* – a farm with cows. I often visited with my children to buy fresh milk. I felt a connection with the inmates working there – tough guys who would get teary-eyed when talking about the newborn calves. Once, I overheard a conversation between two men cleaning the barn. One said, "Just over the hill and gone! It would be so easy to escape from here." The other replied, "True, but where would you go? This is the most beautiful place I know." Their words really moved me, because I feel the same way. There's no place more charming to me than Schwäbisch Hall. It has captured my heart.

Stefan Weigand feels similarly. Over the past few years, he has captured the essence of Schwäbisch Hall in graceful photos – colorful houses, the open-air theatre *Freilichtespiele*, winding streets, the river, and the vibrant life of the town. Together, these images tell the story of just how special this place is.

We are both *Neigschmeckte* – newcomers who ended up in Hall by chance. And maybe that's why this book is unique. We don't speak a word of the local dialect, *Hôalôisch*, yet it feels like home to us. We weren't born here, but we feel rooted. We've lived

Gefangen

Auf der Kleincomburg gab es bis vor wenigen Jahren eine Außenstelle des Haller Gefängnisses – ein Bauernhof mit Kühen. Ich ging mit meinen Kindern gerne dorthin, um Milch zu holen. Die Freigänger waren mir sympathisch – knallharte Typen, die Tränen in den Augen hatten, wenn sie von den neugeborenen Kälbchen erzählten. Ich hörte dort das Gespräch von zwei Männern mit an, die den Stall ausmisteten. Der eine sagte: „Einfach über den Berg und weg! Hier lässt es sich leicht abhauen." Darauf der andere: „Schon richtig. Aber wohin willst du dann? Das hier ist der schönste Ort, den ich kenne." Ich bin sehr gerührt von diesem Erlebnis, weil es mir genauso geht. Ich kenne keinen liebenswerteren Ort als Schwäbisch Hall. Das hält mich hier gefangen.

Stefan Weigand denkt genauso. Er hat in den letzten Jahren Ansichten der Stadt und Kultur von Schwäbisch Hall in anmutigen Fotos festgehalten: die bunten Häuser, die Freilichtspiele, verwinkelte Gassen, der Fluss, das Leben in der Stadt. Doch gemeinsam erzählen seine Fotos davon, wie schön wir es hier haben!

Wir beide sind Neigschmeckte, die der Zufall nach Hall gebracht hat. Ich glaube, dass es gut ist, wenn zwei wie wir einen solchen Bildband zusammenstellen. Wir sprechen kein Wort Hôalôisch und doch heimelt uns dieser Dialekt an. Wir kommen nicht von hier, fühlen uns aber verwurzelt. Wir leben seit Jahren zwischen Altstadt und Comburg, sind aber doch noch frisch verknallt in die

Die Dächerlandschaft von Schwäbisch Hall: mittendrinn St. Michael und im Hintergrund das riesige alte Zeughaus, genannt Neubau. Wenn das neu ist, was ist dann alt in dieser Stadt?

The rooftops of Schwäbisch Hall: with St. Michael's Church in the center and the massive old armory, known as the *Neubau*, in the background. If this is considered new, what is old in this city?

Stadt wie Touristen, die das erste Mal hier sind. Als Wahl-Haller können wir mit bestem Gewissen und ohne Heimatdünkel sagen: Schwäbisch Hall ist die schönste aller Städte!

Es erwartet Sie kein historischer Rundgang durch die Stadt, sondern eine Hommage in atemberaubenden Bildern. Zuvor erzähle ich Ihnen von meinen persönlichen Gründen, diese Stadt zu lieben.

Knigge

Es gibt drei einfache Regeln, die man befolgen sollte, um in Schwäbisch Hall nicht negativ aufzufallen. Ansonsten kann hier jeder sein, wie er mag und ist.

1. Schwäbisch Hall besteht nicht nur aus der Bausparkasse. Das ist einfach nur der größte Arbeitgeber. Machen Sie also keine komischen Fuchs-Witze. Ich habe einmal am Sandkasten über das Bauwerk meiner Tochter gesagt: „Auf diese Steine können Sie bauen!" Da war ich gerade frisch hergezogen. Hat keiner gelacht. Also einfach lassen.

2. Schwäbisch Hall ist nicht schwäbisch. Der Name ist einfach falsch. Schwäbisch Hall ist fränkisch. Auch wenn Franken eigentlich in Bayern liegt. Die Region ist das Hohenlohische. Allerdings sind Haller keine Hohenloher. Nie und nimmer! Schwäbisch Hall war eine freie Reichsstadt. Und so wie alle Städte, die früher kleine Staatstaaten waren, ist die Stadt etwas ganz, ganz Eigenes. Am besten sagen Sie überhaupt nicht Schwäbisch Hall, sondern nur Hall. Hall – das war noch vor rund 100 Jahren der amtliche Name.

3. Hall ist ein altes Wort für Salz. Um das Salzsieden dreht sich hier das ganze Brauchtum. Aber Haller Salz gibt es nur noch in Ritters Spezialbonbons, im

between the old town and *Comburg* for years, yet we're still as enchanted by the city as tourists visiting for the first time. As Haller by choice, we can confidently and without bias say: Schwäbisch Hall is the most beautiful of all cities!

This book isn't a historical tour but rather a tribute to the town through breathtaking images. Before you dive in, let me share with you my personal reasons for loving this city.

Local Etiquette

There are three simple rules to follow so you don't stand out in a negative way in Schwäbisch Hall. Other than that, just be yourself.

1. Schwäbisch Hall is more than just the *Bausparkasse*. Sure, it's the biggest employer in town, but avoid making jokes about foxes (the company's mascot). When I first moved here, I jokingly said about my daughter's sand-construction at the playground, "You can build on these rocks!" (the *Bausparkasse* slogan). No one laughed. Best to skip the jokes altogether.

2. Schwäbisch Hall isn't actually Swabian. The name is misleading. Schwäbisch Hall is Franconian, even though Franconia is technically in Bavaria. The region is called *Hohenlohe*, but people from Schwäbisch Hall aren't *Hohenloher*. No way! Schwäbisch Hall was a free imperial city, and like all former city-states, it has a very unique identity. It's best to call it *Hall*. That was the official name until about 100 years ago.

Colorful facades and intriguing shapes: Every stroll reveals new impressions. The attention to detail is filled with plenty of love!

Farbige Fassaden und rätselhafte Formen: Jeder Spaziergang mit den Augen führt zu ganz neuen Eindrücken. Wie viel Liebe steckt hier überall im Detail!

Solebad und beim Schau-Sieden. Das Salz, das hier geschöpft wird, eignet sich nicht zum Kochen, sondern nur als Badezusatz! Fragen Sie beim Einkaufen lieber nach Reichenhall oder Friedrichshall.

Treppen

Schwäbisch Hall ist die Stadt der Treppen. Treppen führen hoch zur Kirche St. Michael, vom Rathaus runter zum Münzplatz, vom Froschgraben hoch zum Säumarkt. Überall geht es hoch und runter. Die Haller haben immer schon aus dem Fluch einen Segen gemacht. Vor fast 100 Jahren führte das Kurtheater das erste Mal den „Jedermann" auf, ein Theaterstück von Hugo von Hofmannstal. Als Bühne nutzten sie die Große Treppe vor St. Michael. Abgekupfert war die Idee von der Uraufführung, die 1920 auf den Stufen vor dem Salzburger Dom stattfand. Das können wir mindestens genauso gut, sagten die Haller – und daraus ist eine besondere Tradition entstanden.

Im Sommer verwandelt sich der Marktplatz in ein Freilichttheater. Die Zuschauer nehmen unten Platz und die Schauspieler bespielen die 53 steilen Stufen, die zur Kirche hinaufführen. Die Kulisse, der Klang und die sportliche Leistung der Schauspieler begeistern das Publikum. Wenn ich vor der Festspielzeit den Marktplatz kreuze, bleibe ich gerne mal stehen, um beim Proben zuzuschauen. Kunst mitten in der Stadt, einfach so, weil es dazugehört! Für jeden Besucher: ein großes Geschenk.

Ich könnte mir vorstellen, dass diesem ganzen Treppengetrappel auch die Haller Spezialität zu verdanken ist: die Haller Trambele. Das sind Haller Nudeln, dick wie Daumen. Sie verbinden die leckersten Klassiker des Südens: Spätzle- und

3. *Hall* is an old word for salt, and the town's traditions revolve around salt production. But Haller salt is now only found in Ritter's special candies, in the brine bath, and during public salt-making shows. The salt they scoop up here isn't for cooking but for bathing! So, when you're grocery shopping, better ask for salt from *Reichenhall* or *Friedrichshall* instead.

Steps

Schwäbisch Hall is a city of steps. Stairs lead up to St. Michael's Church, down from the town hall to *Münzplatz*, and up from *Froschgraben* to *Säumarkt*. Everywhere you go, it's up and down. The people of Hall have always turned this challenge into an advantage. Nearly 100 years ago, the theater performed *Jedermann* by Hugo von Hofmannsthal for the first time, using the great staircase in front of St. Michael's as their stage. They borrowed the idea from the original performance on the steps of the Salzburg Cathedral in 1920. "We can do it just as well," the people of *Hall* said, and a special tradition was born.

In summer, the marketplace transforms into an open-air theatre. The audience sits below while the actors perform on the 53 steep steps leading up to the church. The setting, the sound, and the athleticism of the actors is captivating. When I cross the marketplace before the festival season, I love to stop and watch the rehearsals. Art right in the middle of the city, just because it belongs here! For every visitor, it's a special gift.

The Collegiate Church of St. Nicholas at the *Großcomburg* has stood proudly in the south of the city for 900 years. Despite its fortress-like appearance, it has never faced any attacks.

Die Stiftskirche von St. Nikolaus auf der Großcomburg. Seit 900 Jahren thront sie südlich der Stadt. Obwohl die Anlage wehrhaft daherkommt, gab es zeitlebens keine Angreifer.

I can imagine that the constant clattering of feet on these stairs might have inspired the local specialty: *Haller Trambele.* These are thick noodles, as big as your thumb, combining the best of southern classics – spaetzle and bread dumpling dough. Like everything in this town, even the *Trambele* are something to love. An old saying from the salt makers goes, "Trambele, come dance with me!".

Saturdays

Even without theatre performances, the marketplace is the heart of the town. On Saturday mornings, people gather here to buy fruits and olives, cheese and vegetables from the region. The *House of Farmers* stands proudly to one side, reflecting the strong emphasis on rural culture and independence. I was surprised at first to see the piglet prices listed in the local newspaper. Now, I've come to appreciate the *Schwäbisch-Hällische Landschwein* (the local pig). It has a great life here and – let's be honest – tastes great too. At the market, children are being gifted an apple or a carrot. After grocery shopping, it's time for coffee and cake, whether at the local barista, at *Café am Markt, Ableitner,* or one of the other great spots. For generations, this has been a cherished tradition.

I've never known a city that feels so familiar so quickly. I always wanted to live somewhere where finding a good craftsperson wasn't a challenge. The yellow pages is our neighborhood. Someone always has a recommendation. Call this person, they'll sort you out! Everyone who moves to Schwäbisch Hall experiences this: you bump into the same people so

Semmelknödelteig. So wie alles in dieser Stadt, sind auch die Trambele etwas zum Liebhaben. Ein alter Siederspruch lautet: „Trambele, komm tanz mit mir!"

Samstags

Auch ohne Theater ist der Marktplatz das Herzstück der Stadt. Hier trifft man sich am Samstagmorgen, kauft Obst und Oliven, Käse und Gemüse aus der Region ein. Von der Seite guckt einen trutzig das „Haus der Bauern" an. Bäuerliche Kultur und Selbstbestimmung wird hier großgeschrieben. Ich war anfangs erstaunt, dass man in der Zeitung auch den Ferkel-Kurs angibt. Heute identifiziere ich mich selbst sehr gut mit dem Schwäbisch-Hällischen Landschwein. Es hat hier ein gutes Leben und – das muss man einfach sagen – selbst hat es auch einen guten Geschmack. Auf dem Markt bekommen die Kinder einen Apfel oder eine Karotte geschenkt. Danach geht es zum Kaffee und Kuchen, direkt beim Barista, im Café am Markt, zum Ableitner oder zu den anderen guten Adressen. Für Generationen ist das gelebte Tradition.

Ich kenne keine Stadt, mit der man so schnell vertraut wird. Ich wollte immer mal an einem Ort leben, an dem man nicht nach Handwerkern suchen muss. Das Branchenbuch ist unsere Nachbarschaft. Irgendwer hat immer einen Tipp. Ruf den oder den an, wenn du was brauchst! Alle, die nach Schwäbisch Hall ziehen, machen diese Erfahrung: Einigen Menschen läuft man so oft über den Weg, dass man anfängt, sich zu grüßen. Schon hat man neue Bekannte gefunden. Obwohl die Stadt eher groß als klein ist, bleibt sie ein Ort, an dem man sich kennt.

Schwäbisch Hall ist wie eine Trockenblume, die entgegen aller Wahrscheinlichkeit über Jahre hinweg ihre Schönheit bewahrt.

Schwäbisch Hall is like a bouquet of dried flowers that, against all odds, has preserved its beauty over the years.

Ein perfekter Samstag führt durch die Ackeranlagen. Ich kenne ehemalige Gartenschau-Anlagen andernorts als verwahrloste Grünstreifen. Aber in Hall gönnt man sich ein grünes Kleinod am Rand der Stadt. Das Anlagencafé mit dem Springbrunnen davor könnte mich jedes Mal zu einem Gaildorfer aus der Bügelflasche verführen. Aber das schlechte Gewissen wäre zu groß, denn irgendwer macht im Park immer Yoga. Dreimal über den Kocher, an der Fischtreppe vorbei und am Festplatz, wo der Rummel vom Jakobi-Markt aufgebaut wird, schon steht man vor der Villa Wunderwelt mit seltsamen Kunstautomaten. Dann durch das schöne Steinbach hoch Richtung Kloster Großcomburg. Das ist eines der schönsten Ansammlungen von Gebäude, die ich kenne. Das Wappen der Comburg zeigt einen Löwen mit einem Winkel im Maul. Der Sage nach waren die Stifter echte Baulöwen. Die Steinbacher sagen aber, es sei der Kragen des ersten evangelischen Pfarrers, der sich in die einzige katholische Ecke von Hall gewagt hatte. Auf die Comburg verirre ich mich am liebsten bei Regen. Der komplett erhaltene Wehrgang führt einen einmal im Kreis, der perfekte Ort für eine besondere Tour bei schlechtem Wetter. So lässt es sich leben!

Provinz

Die Kunsthalle Würth ist seit über 20 Jahren einer der besten Adressen für moderne Kunst – und das mitten im beschaulichen Schwäbisch Hall. Ich habe einmal für die Zeitung über den Besuch der damaligen Staatsministerin für Kultur Monika Grütters geschrieben. Ich durfte dabei sein, als sie mit Prof. Würth beim Kaffeetrinken im Foyer saß. Es waren Werke von Munk aus Ber-

often that you start greeting each other, and before you know it, you've made new friends. Although the city is rather big than small, it remains a place where everyone knows each other.

A perfect Saturday includes a stroll through the *Ackeranlagen* park. I've seen former garden show areas in other places turn into neglected green spaces, but in Hall, they've created a green gem on the edge of the city. The café in the park, with its fountain out front, always tempts me to have a *Gaildorfer* beer from the swing-top bottle. But I feel a little guilty since there's always someone doing yoga or taking a run. A walk across the river *Kocher*, past the fish ladder, and the fairgrounds where the *Jakobi-Markt* is set up, brings you to the *Villa Wunderwelt* with its quirky art machines. Then, it's up through the beautiful *Steinbach* towards the *Großcomburg* Monastery, one of the most stunning collections of buildings I know. The *Comburg* crest features a lion holding a right angle in its mouth. Legend has it that the founders were true building lions. But the people of *Steinbach* say it represents the collar of the first protestant pastor who dared venture into Hall's only catholic corner. I love to visit the *Comburg*, especially in the rain. The completely preserved walkable battlement takes you in a perfect circle – ideal for a unique tour on a rainy day. That's the life!

Province

For over 20 years, the museum *Kunsthalle Würth* has been one of the best places for modern art – and all in the charming town of Schwäbisch Hall. I once

On the former grounds of the brewery *Löwenbrauerei*, the *Sudhaus* exudes industrial charm, especially when the rooftop terrace is open, and storks are nesting on the chimney.

Auf dem ehemaligen Gelände der Löwenbrauerei verbreitet das Sudhaus Industriecharme. Vor allem bei geöffneter Dachterrasse und mit brütenden Störchen auf dem Kamin.

wrote for the newspaper about a visit from the Minister of State for Culture, Monika Grütters. I was there when she sat down with Prof. Würth for coffee in the foyer. On display were works by Munk from Berlin, including pieces that Grütters couldn't exhibit when she was a museum director in Berlin. The insurance was too high. To see these artworks from Berlin, she had to come to the southern German province. She asked Prof. Würth outright, "What's the budget for the museum?" He grinned mischievously and whispered, "Unlimited!" This wasn't bragging, just a fact. The greatest works are on display here, free of charge.

Not five minutes from the museum is the exhibition *Alte Meister in der Sammlung Würth* in the *Johanniter*-church. Hans Holbein's *Schutzmantelmadonna* is presented in this former church, which was once repurposed as a gymnasium due to its springy floor. It's an astonishing painting – so perfect and with so much to tell that you could spend hours in front of it.

The Swabian writer Georg Holzwarth, who passed through Hall in his novel *Fußreise*, once told me over the phone, "Remember this: The only provincial thing here in the south is the fear of being provincial!" Schwäbisch Hall isn't afraid of being provincial. This region combines provincial charm with cosmopolitan flair. Both feel right and special to me here. Art keeps Schwäbisch Hall from looking like an outdoor museum, even though there is the most beautiful open-air museum not far away in *Wackershofen*. And art also attracts people who might otherwise head

lin zu sehen. Darunter Bilder, die Grütters selbst, als sie Museumsdirektorin in Berlin war, nicht ausstellen konnte. Die Versicherungssumme war zu hoch gewesen. Um die Werke aus Berlin zu sehen, musste sie in die süddeutsche Provinz kommen. Sie fragte Prof. Würth ganz frei heraus, wie hoch denn das Budget der Kunsthalle sei. Er grinste sie spitzbübig an und flüsterte: „Unbegrenzt!" Das ist aber kein Protz, sondern Tatsache. Die großartigsten Werke sind hier kostenlos zu sehen.

Keine fünf Minuten von der Kunsthalle entfernt ist die Ausstellung „Alte Meister in der Sammlung Würth" in der Johanniterkirche zu sehen. Die Schutzmantelmadonna von Hans Holbein steht in der einstigen Kirche, die zuerst wegen des Schwingbodens zur Turnhalle umfunktioniert worden war. Ein verblüffendes Bild, das so perfekt ist und so viel zu erzählen hat, dass man sich stundenlang davor aufhalten kann. Weltweit einzigartig.

Mir hat der schwäbische Schriftsteller Georg Holzwarth, der in seinem Roman „Fußreise" auch durch Hall kam, mal am Telefon gesagt: „Merken Sie sich: Das einzige Provinzielle hier im Süden ist die Angst davor, provinziell zu sein!" Schwäbisch Hall hat keine Angst vor der Provinz. Dieser Landstrich verbindet Provinz mit Weltläufigkeit. Beides fühlt sich hier für mich richtig und besonders an. Die Kunst bewahrt Schwäbisch Hall davor, wie ein Freilandmuseum daherzukommen – auch wenn es das schönste Freilandmuseum unweit in Wackershofen gibt. Außerdem lockt die Kunst Menschen an, die ansonsten eher nach Wien oder Berlin gegangen wären. Gleichzeitig schenkt die Provinz der Kunst etwas Bodenständiges. Für Haller sind Picassos und Kiefers nichts Besonderes mehr, sondern ganz normal. Das ist der vielleicht schönste Luxus, den man sich hier gönnt: eine Ausstellung zu verpassen.

Philosophie ist hier nicht nur oberflächlich, sondern ein Erfahrungswert. Gegenüber der Henkersbrücke gab es früher Meterware zu kaufen. Heute noch zu sehen: der Stoff, aus dem Geschichten sind.

Here, philosophy is more than a superficial concept; it's an experience. Across from the bridge *Henkersbrücke*, fabric was once sold. What remains today is the material from which stories are woven.

to Vienna or Berlin. At the same time, the province grounds the art in something real. For the people of Hall, Picassos and Kiefers aren't special anymore – they're just normal. This might be the loveliest luxury you can enjoy here: the freedom to miss an exhibition.

Coming Back

I know many people here who have traveled the world. They left for university, work, love, or simply out of curiosity. But sooner or later, especially when they have children, they all come back. I've never seen this happen in any other city. But Hall isn't like other cities.

Once a year, all the children here release colorful balloons into the sky together. Many young families lovingly restore very old houses. American football is the most popular sport here. Sometimes, you'll even encounter salt-makers dressed in traditional uniforms, who'll say *Gesundheit* instead of cheers. Around every corner, there are new stories, new sights, or friendly people who will captivate you.

And that's what this book is about: Each of these enchanting photos invites you to remember the charm of the city or, better yet, to explore its streets yourself. Be careful! In Hall, you either stay forever, or you'll always find your way back!

Zurückkommen

Ich kenne hier viele Leute, die auf der ganzen Welt unterwegs waren. Für Ausbildung, Studium oder Beruf, für die Liebe oder aus Neugier sind sie weggegangen. Doch spätestens, wenn sie Kinder kriegen, kommen sie alle wieder zurück. Das kenne ich von keiner anderen Stadt. Aber Hall ist eben auch nicht wie die anderen Städte.

Einmal im Jahr lassen alle Kinder gemeinsam bunte Luftballons steigen. Viele junge Familien renovieren sehr alte Häuser. Hier ist American Football die Lieblingssportart. Hier begegnet man ab und zu uniformierten Salzsiedern mit Vorderladern, die statt „Prost" lieber „Gesundheit" sagen. Und hier warten hinter jeder Ecke neue Geschichten, neue Anblicke oder nette Menschen, die einen nicht mehr loslassen. Genau davon handelt dieses Buch: Jedes dieser bezaubernden Fotos lädt dazu ein, sich an das Aroma der Stadt zu erinnern oder am besten selbst wieder durch die Straßen zu ziehen.

Seien Sie vorsichtig! Für Hall gilt: Entweder Sie bleiben für immer oder Sie kommen zurück!

Ein Klassiker: Auf dem Türsturz vom Egenhaus, das am Marktplatz steht, liegen antike Schönheiten.

A classic: Antique beauties adorn the lintel of the *Egenhaus* on the marketplace.

Folgende Doppelseiten:
links: Willkommen in St. Michael. So fühlt sich der Himmel an. Viele Besucher sagen, dass die Weite des Chorgewölbes einem hilft, frei und still in sich hineinzuhören.
rechts: Spaziergang durchs Weilertor zur blauen Stunde – von Ärger keine Spur. Dabei klebte ein Fuhrmann aus Neuenstein an das Weilertor den letzten Fehdebrief in der Stadtgeschichte. Der sogenannte Straußenkrieg dauerte ganze drei Jahre.

The following pages:
left: Welcome to St. Michael's. This is what heaven feels like. Many visitors say that the vastness of the choir vault encourages them to listen to their inner selves.
right: Strolling through the *Weilertor* – at dusk, no trace of trouble. Yet, it was here that a wagoner from *Neuenstein* posted the last feud letter in the city's history. The war *Straußenkrieg* lasted for three years.

Der Kocher trennt die Katharinenvorstadt von der Stadtmitte. Die Häuser an der Mauerstraße zeugen vom Leben der Gastwirte, Handwerker und Kaufmänner. Das Fachwerk überzieht sie wie ein feines Muster.

The river *Kocher* separates the suburb *Katharinenvorstadt* from the city center. The houses along the *Mauerstraße* reflect the lives of innkeepers, craftsmen, and merchants. Timber framing covers the houses like a delicate pattern.

Der Schiedgraben vor der Stadtbefestigung wird von Ziegen gepflegt. Darüber führt ein Eisensteg Richtung Altstadt. Für jeden Besucher klar ersichtlich: Eine Stadt – gewachsen im Grünen.

The *Schiedgraben*, just outside the city walls, is maintained by grazing goats. Above it, an iron footbridge leads toward the old town. It's clear to every visitor: this is a city in harmony with nature.

Für Haller ein Muss: Seit neun Jahrhunderten gehen sie auf den Markt zum Einkaufen. Der Marktplatz gilt zurecht als der schönste in ganz Deutschland. Alles vor den Augen des ebenso eindrucksvollen und üppigen Rathauses.

A must for every local: For nine centuries, they've been shopping at the farmer's market. The marketplace is rightly considered the most beautiful in all of Germany, all set against the backdrop of the equally impressive town hall.

Abendruhe in Schwäbisch Hall. An manchen Tagen begegnet man keiner Seele und kann das Alleinsein unter Menschen genießen.

The calm of the evening in Schwäbisch Hall. On some days, you might encounter no one and can enjoy the solitude amidst the city.

Der Aufstieg zum Klosterbuckel belohnt einen mit guten Büchern oder dem Anblick des windschiefen, aber mächtigen Pfarrhauses.

The climb to the *Klosterbuckel* rewards you with either good books or the sight of the wind-tilted yet majestic rectory.

Der heilige Michael besiegt den Drachen. Aus dessen Maul fließt frisches Wasser in den Fischbrunnen am Markt. Der Bezwinger des Bösen ist in Hall eine zentrale Figur. Warum eigentlich?

Saint Michael defeats the dragon. From the dragon's mouth runs fresh water into the fish fountain at the market place. The conqueror of evil is a central figure in Hall. But why is that?

Das Haus von Dr. Georg Rudolf Widman. Er wurde berühmt für sein Faust-Buch „Das ärgerliche Leben und schreckliche Ende des vielberüchtigten Erz-Schwarzkünstlers D. Johannis Fausti". Der Legende nach war Faust direkt nebenan bei Schuhbäck essen.

The house of Dr. Georg Rudolf Widman. He became famous for his book on Faust, "Das ärgerliche Leben und schreckliche Ende des vielberüchtigten Erz-Schwarzkünstlers D. Johannis Fausti". Legend has it, that Faust used to dine next door at *Schuhbäck's*.

Auf der Henkersbrücke durfte der Haller Henker einen Zoll auf Holz verlangen. Aber Hinrichtungen fanden hier keine statt. Nur ab und zu wurde ein Gemüsedieb von der Brücke an einen Stuhl geknebelt, in den Kocher abgelassen und getunkt.

On the *Henkersbrücke*, the local executioner was allowed to collect a toll on wood. However, no executions took place here. Occasionally, a vegetable thief would be tied to a chair and dunked into the river *Kocher*.

Vom Lindach aus auf die Kocherinsel Unterwöhrd. Wo einst das Kurhaus stand, gibt es heute noch Theater und andere Spielplätze. An schönen Tagen gehören die Insel und der Kocherstrand den Kindern.

From *Lindach* to the river island *Unterwöhrd*. Where once a health resort stood, there is now a theatre and playgrounds. On sunny days, the island and the *Kocher* beach belong to the children.

Der Neubausaal erscheint wie eine optische Täuschung. Der Grundriss ist ein verschobenes Parallelogramm und von keiner Seite sieht er gleich aus.

The *Neubau* appears like an optical illusion. The floor plan is a shifted parallelogram, and it looks different from every angle.

Über 160 Stufen erreicht man die Glockenstuben von St. Michael und die Türmerwohnung. Die Belohnung: der schönste Blick über die Stadt. Und überall blinken die Stadtfarben rot und gelb auf.

After climbing 160 steps, you reach the bell chamber of St. Michael and the tower keeper's apartment. The reward: the most beautiful view over the city. And everywhere, the city's colors, red and yellow, catch your eye.

Während der Freilichtspiele wird aus der Großen Treppe ein Amphitheater, nur eben umgekehrt. Der Blick geht hoch, die Schauspieler können tief fallen. Immer wieder erstaunlich, wie wenig Kulisse notwendig ist, um die Treppe in eine andere Welt zu verwandeln.

During the open-air theatre *Freilichtespiele*, the grand staircase transforms into an amphitheatre – only upside down. The actors perform on the steps while the audience watches from below. It's astonishing how little set design is needed to create a completely different world.

Die Musicals in Schwäbisch Hall sind seit Jahren ausverkauft. Eine große Truppe, Musik und Tanz auf den 53 Treppenstufen – das schafft unvergessliche Momente wie hier bei „Wie im Himmel".

The musicals performed in Schwäbisch Hall have been sold out for years. A large ensemble, music, and dance create unforgettable moments on the 53 steps, like those experienced here in "Wie im Himmel".

Die Gelbinger Gasse ist heute ein internationales Viertel mit viel Feinkost und Gastronomie. Von Weitem zu erkennen: der Josenturm. Im Mittelalter stand hier mal eine Kapelle, die dem heiligen Josef geweiht war.

The Gelbinger Gasse is nowadays an international quarter filled with restaurants. Easily recognizable from afar is the Josenturm. In the Middle Ages, a chapel dedicated to Saint Joseph once stood here.

Craftsmanship is displayed on the facades of *Gelbinger* suburb. The paintings, such as the green tree on *Grüner Baum*, tell stories of bygone days: each house has its own unique fate.

Das Handwerk hängt in der Gelbinger Vorstadt an der Fassade. Und die Bemalungen wie am „Grünen Baum" erzählen von vergangenen Zeiten: Jedes Haus ein eigenes Schicksal.

Wo bislang keine Natur war, gibt es Renaturierung. Fischtreppen, seltene Eisvögel, ortstreue Stare und Hobby-Imker beleben die Altstadt auf ihre Weise. Am Fluss zu leben, das heißt auch: mit der Natur leben.

Where there was once no nature, an era of renaturalization has started. Fish ladders, rare kingfishers, local starlings, and hobby beekeepers all bring life to the old town in their own way. Living by the river also means living in harmony with nature.

Das schönste Geländer, das man sich ausdenken kann. Der Künstler Karl-Henning Seemann hat den Handlauf zum Landratsamt zu lustigen Szenen gemacht. Ein liebevoll humoristischer Blick auf die Menschen – und auf die Verwaltung.

The most delightful railing you could imagine. The artist Karl-Henning Seemann has turned the handrail leading to the district office into playful scenes. It's a lovingly humorous take on both the people and the local administration.

Das Goethe-Institut ist nicht das kleinste in Deutschland, es ist das Institut in der kleinsten Stadt. Deutsche Kultur und Sprache lernt man hier seit 50 Jahren. Die Einrichtung spült internationales Publikum in die Stadt und jeder Student verlässt sie wieder mit mindestens einem weinenden Auge.

The Goethe-Institute is not the smallest in Germany; it is the institute in the smallest town. For 50 years, German culture and language have been taught here. The institution leads international guests to the city, and every student leaves with at least one teary eye.

Links des Kochers besucht man die Kirche St. Katharina. Leicht versetzt zum Rathaus sind die Glockenschläge zu hören. Als ob der eine den anderen zur Pünktlichkeit mahnen würde.

On the left bank of the river Kocher, St. Katharina's Church is placed. Slightly offset from the town hall, the chimes of the bells can be heard, as if one is reminding the other to be punctual.

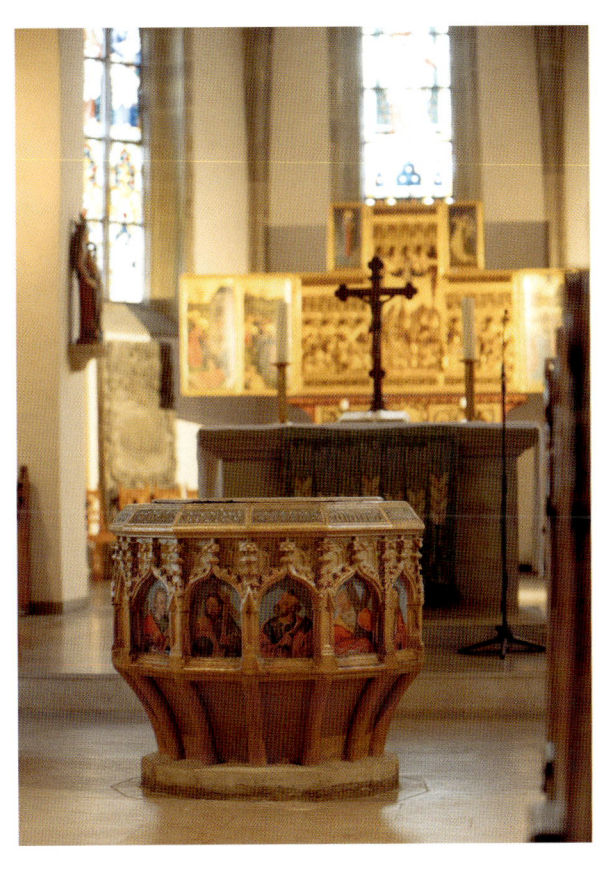

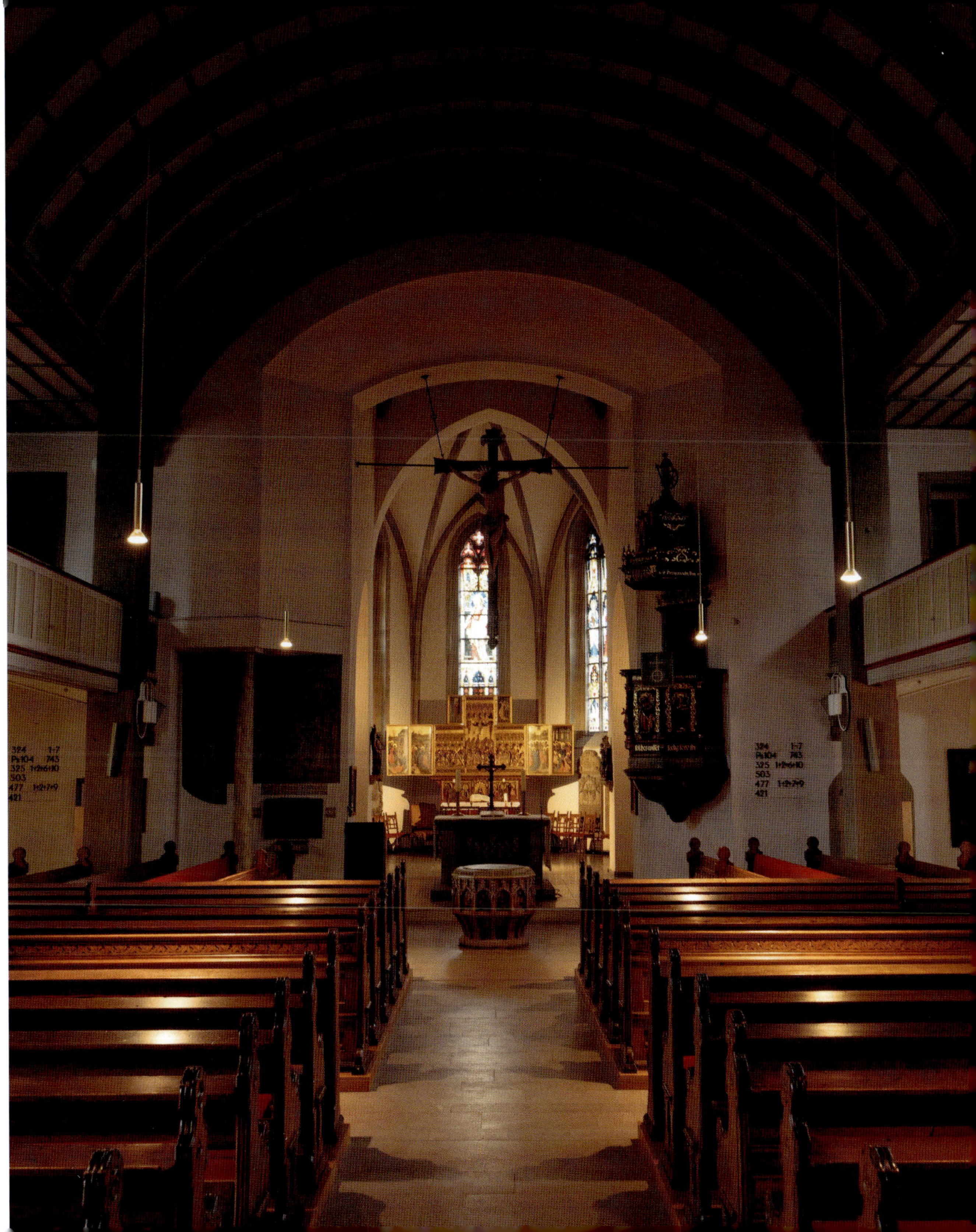
324 1-7
Ps104 743
325 1+2+6+10
503
477 1+2+7+9
421

Früher durften nur gebürtige Haller in den „Siederhof" aufgenommen werden. Heute ist man großzügiger. Auch Zugezogene sind im Traditionsverein willkommen. Das wichtigste Fest der Haller Salzsieder ist das Kuchen- und Brunnenfest. Es geht zurück auf ein Ereignis aus dem Mittelalter: Die Sieder löschten einen Brand in der Dorfmühle und bekamen zum Dank einen großen Kuchen geschenkt.

In the past, only native *Haller* were allowed to join the *Siederhof*. Today, the tradition is more inclusive. Newcomers are also welcome in the association. The most important festival for the local salt makers is the *Kuchen- und Brunnenfest*, which dates back to a medieval event: the salt makers extinguished a fire at the village mill and were rewarded with a large cake.

Die Obere Herrngasse, einst das Viertel der besseren Leute, ist an heißen Tagen der beste Ort zum Flanieren. Nur einem gefiel das Klima der Stadt nicht: dem kränklichen Dichter Eduard Mörike. Er zog nach ein paar Monaten wieder weg. Da half auch das Solebad und eine Haller Kräuterkur nichts.

The Obere Herrngasse, once the district of the high society, is the best place to stroll on hot days. Only one person did not like the city's climate: the ailing poet Eduard Mörike. After a few months, he left again, despite the salt baths and a local herbal treatment.

Kunst auf der Straße. Der „Mann im November" wartet hier seit der Landesgartenschau 1982 an der Marktstraße. Aber auf was? Er wirkt, wie aus dem Leben gegriffen.

Art on the street. The "Mann im November" has been waiting at the *Marktstraße* since the state garden show in 1982. But what is he waiting for? He seems to be taken right out of everyday life.

In the former blacksmith's workshop of Emil Schmidt, most of the city's iron railings and forged pieces were created. Today, families can practice at the anvil during workshops: truly hard work, but it's worth it! Everywhere craftsmanship was involved, the city shines in its unique way.

In der früheren Kunstschmiede Emil Schmidt entstanden die meisten eisernen Geländer und Schmiedestücke der Stadt. Heute können sich Familien nur noch bei Kursen am Amboss üben: echte Knochenarbeit – die sich aber lohnt! Überall dort, wo Handarbeit am Werk war, glänzt die Stadt in ihrer Einmaligkeit.

St. Michael zieht Besucher magisch an. Die Form erinnert an eine Ameise. Aber auch die Details lassen einen nicht mehr los. Kinder machen sich gerne auf die Suche nach den Längenmaßen, die die Händler in die Vorhalle eingelassen haben. Wie lang war nochmal eine Elle?

St. Michael draws visitors in with its magnetic charm. The shape resembles an ant, but it's the details that captivate you. Children love to search for the measuring marks embedded by merchants in the entrance hall. How long was an ell again?

Johannes Brenz reformierte Hall. Er gilt als der süddeutsche Luther. Dem behutsamen Mann haben wir zu verdanken, dass es keinen Bildersturm gab und die Hauptkirche der Stadt noch die schönsten Kunstwerke vergangener Zeit besitzt.

Johannes Brenz reformed *Hall*. Known as the southern Luther, this cautious man was responsible for the prevention of iconoclasm and that the city's main church still holds the finest artworks from the past.

Kuriose Überraschungen finden sich in St. Michael. Vor allem der Mammutzahn, den man 1605 gefunden hatte – aber auch das Beinhaus aus der alten St. Anna-Kapelle.

Curious surprises are found in St. Michael's church, especially the mammoth tooth discovered in 1605, as well as the ossuary from the old St. Anna Chapel.

Hallia Venezia ist der echte Schwäbisch Haller Karneval. Seit 1998 schreiten die Mitglieder des Vereins mit aufwendig und kunstvoll hergestellten Masken und Kostümen durch die Stadt. So viele venezianischen Gewänder und so viele Fotografen sieht man sonst nie in den Gassen.

Hallia Venezia is the authentic carnival of Schwäbisch Hall. Since 1998, the members of the association have paraded through the city in artistically crafted masks and costumes. You'll rarely see so many Venetian garments and so many photographers on the streets.

On the grounds of the glass house, Celtic remnants were discovered, indicating an ancient settlement. Now, it houses the city library. Glass suits the building perfectly: it's a greenhouse for the mind.

Auf dem Grundstück des heutigen Glashauses fand man keltische Überbleibsel, die auf eine Siedeanlage hinweisen. Heute ist dort die Stadtbibliothek zu finden. Glas und Optik passen zum Gebäude: ein Gewächshaus für den Geist.

Der Froschgraben mit der Skulptur von Töpfermeister Michael Heckmann. Die Amphibie wiegt 3,7 Tonnen und blickt in das moderne Einkaufsviertel der Stadt: in das Kocherquartier.

The Froschgraben with the sculpture by master potter Michael Heckmann. The amphibian weighs 3.7 tons and looks out over the city's modern shopping district: the Kocher Quartier.

Die Überreste vom Landesgefängnis, heute Haus der Bildung. Vor Beginn des Baus im Jahr 1843 fragte man die Haller: Kaserne oder Gefängnis? Die Haller dachten an ihre geliebten Töchter und entschieden sich fürs Gefängnis. Da waren die gefährlichen Männer wenigstens hinter Gittern.

The remains of the state prison, now Haus der Bildung. Before construction began in 1843, the people of Schwäbisch Hall were asked: barracks or a prison? Concerned for their beloved daughters, they chose the prison. At least the dangerous men would be behind bars.

Brücken über den Kocher, aber auch zwischen Städten und Ländern. Die Freundschaft zum französischen Épinal hält bereits 60 Jahre. Weitere Partnerstädte sind Loughborough (England), Lappeenranta (Finnland), Zamosc (Polen), Balikesir (Türkei) und Neustrelitz (Mecklenburg-Vorpommern).

Bridges over the river *Kocher*, as well as between cities and countries. The friendship with the French city of Épinal has lasted 60 years. Other sister cities include Loughborough (England), Lappeenranta (Finland), Zamosc (Poland), Balikesir (Turkey), and Neustrelitz (Mecklenburg-Vorpommern, Germany).

Ende August feiert die ganze Stadt das Sommernachtsfest. Live-Musik und ein Lichtermeer sorgen in den Ackeranlagen für eine einzigartige Stimmung. Muster und Figuren aus brennenden Kerzen: Einfachheit und Liebe zum Detail – typisch Schwäbisch Hall!

At the end of August, the entire city celebrates the *Sommernachtsfest*. Live music and a sea of lights create a unique atmosphere in the *Ackeranlagen*. Patterns and figures made from burning candles: simplicity and attention to detail – truly Schwäbisch Hall!

Aus der Entenperspektive: In knackigen Wintern verwandelt sich der Kocher in eine lange Schlittschuhbahn. Zuletzt konnte man das im Jahr 2017 erleben. Ein sonniger Tag auf dem gefrorenen Kocher – eine Kostbarkeit des Winters.

From a duck's point of view: In crisp winters, the Kocher transforms into a long ice skating rink. The last time this happened was in 2017. A sunny day on the frozen Kocher – a true winter treasure.

Scheinbares Chaos, gewachsene Ordnung: Die Stadt ist reich an Dachformen, die auch noch dann auffallen, wenn der Winter sie mit Schnee überzuckert.

Chaotically ordered: The city is rich in diverse roof shapes that stand out even when winter dusts them with snow.

Ungeplant begegnet man in Hall dem ein oder anderen Kunstwerk. Street Art an Brücken und Unterführungen überraschen einen mit Motiven und Kompositionen jenseits von Schmiererei!

In Hall, you might come across a piece of art unexpectedly. Street art on bridges and underpasses surprises with motifs and compositions that go far beyond graffiti!

Der Traum einer Spielstätte für das ganze Jahr, für jedes Wetter und jeden Anlass. Das Neue Globe ist eine Wunderkugel, die von innen und außen bespielt werden kann. Mutig haben sich die Haller für einen Theater-Neubau entschieden. Es hat sich gelohnt.

The dream of a performance venue for all seasons, any weather, and every occasion. The New Globe theatre offers experiences both inside and out. The people of Schwäbisch Hall bravely decided on building a new theatre, and it has truly paid off.

Direkt vor den Toren der Stadt begann das Gebiet der Schenken von Limpurg. Davon zeugt auch die Urbanskirche in der Unterlimpurger Vorstadt. Die Schenken von Limpurg hatten im 16. Jahrhundert Geldnot und verkauften das Gebiet an die Reichsstadt Hall, mit der sie sonst immer rumstritten.

Directly outside the city gates began the domain of the aristocratical family *Schenken von Limpurg*. This is evidenced by the *Urbanskirche* in the *Unterlimpurger* suburb. In the 16th century, the family faced financial difficulties and sold their territory to the Imperial City of *Hall*, with whom they usually quarrelled with.

In the summertime, life moves to the streets: quaint and modern cafés, artisanal roasters, and trendy coffee trucks keep Schwäbisch Hall buzzing with caffeine – and, above all, with great flavor.

Sommers spielt sich das Leben auf der Straße ab, und zwar mit wahrer Kaffee-Kultur: Urige und moderne Cafés, eigene Röstereien und kultige Kaffee-Apes versorgen die Schwäbisch Haller mit Koffein – und vor allem mit gutem Geschmack.

Schwäbisch Hall, schönste Stadt mit dem schäbigsten Bahnhof. Wer in Schwäbisch Hall-Hessental mit der Regionalbahn ankommt, schüttelt erstmal den Kopf. Aber ganz schnell wandelt sich der Blick. Bevor es in die pittoreske Altstadt geht, gibt es Kunstwerke im öffentlichen Raum zu sehen, die im Rahmen des Metropolink-Festivals entstanden sind.

Schwäbisch Hall, the most beautiful city with the most dingy train station. Arriving at Schwäbisch Hall-Hessental on the regional train, you might first shake your head. But the perspective changes quickly. Before heading into the picturesque old town, you can admire public artworks created during the *Metropolink-Festival*.

Anfang der Achtzigerjahre galt das Schwäbisch-Hällische Landschwein als ausgestorben. Dank der Bäuerlichen Erzeugergemeinschaft gehört es heute wieder zur Kulturlandschaft der Hohenlohes.

In the early 1980s, the *Schwäbisch-Hällische Landschwein*, the local pig breed, was considered extinct. Thanks to the farmers' cooperative, it is once again a part of the cultural landscape of Hohenlohe.

Streuobst und Geheimtipps für Naturliebhaber. Rund um die Comburg lohnt es sich, den ein oder anderen Weg einfach weiterzugehen. Wanderer stoßen auf das Kräuterlabyrinth und verlieren sich hier in den tollsten Gerüchen der Saison.

Orchard fruits and hidden gems for nature lovers. Around the *Comburg*, it's worth extending your walk a bit further. Hikers will discover the herb labyrinth, where they can get lost in the most delightful scents of the season.

Zwischen Hall und Steinbach liegt der jüdische Friedhof. In der NS-Zeit wurde er zerstört. Später konnten 121 Grabsteine wiederhergestellt werden. Heute ist er mithin ein Gedenkort für alle Opfer des Nationalsozialismus.

Between *Hall* and *Steinbach* the Jewish cemetery is located. It was destroyed during the Nazi era. Later, 121 gravestones were restored. Today, it is as a memorial to all the victims of the German National Socialism.

Every perspective on the *Comburg* suggests you're a step closer to heaven. The 16th-century ring wall and the defensive towers give the monastery a castle-like appearance. Many tourists come looking for a castle, but instead, they'll discover an ancient Benedictine monastery.

Jede Perspektive auf die Comburg zeigt: Hier ist man dem Himmel ein Stück näher. Die Ringmauer aus dem 16. Jahrhundert und die Wehrtürme verleihen der Klosteranlage das Ansehen einer Burg. Viele Touristen erkundigen sich nach einer Burg! Sie finden aber ein altes Benediktinerkloster.

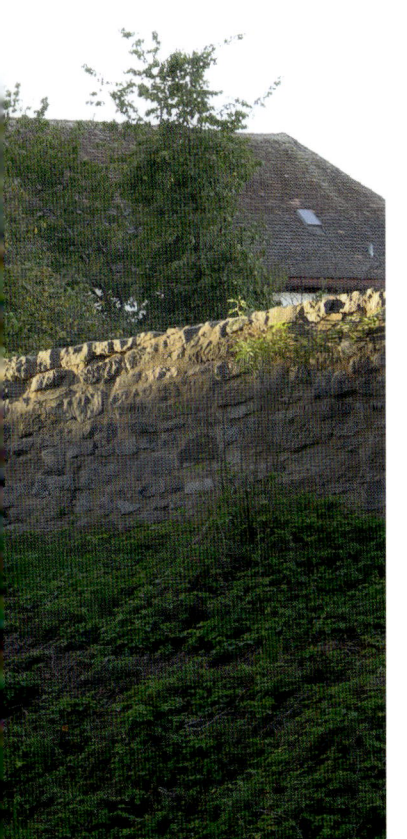

Neben der Großcomburg findet sich das frühere Nonnenkloster der Kleincomburg. Das Herzstück: St. Ägidius. Viele Jahre beherbergte es dann die Außenstelle der Justizvollzugsanstalt mit angeschlossener Landwirtschaft. Kloster und JVA sind verschwunden. Es entstand ein wundervoller Bio-Betrieb mit Hofladen.

Next to the *Großcomburg*, the former convent of *Kleincomburg* is located. Its centerpiece: St. Ägidius. For many years, it housed a branch of the prison along with a farm. Both the monastery and the prison have disappeared, making way for a wonderful organic farm with a shop.

Helfer in der Not: St. Ägidius wurde der Legende nach von einer Hirschkuh ernährt. Als der König auf der Jagd war, beschützte Ägidius das Tier und wurde von einem Pfeil getroffen. Durch die Verletzung fühlte er sich Gott verbunden und trug die Wunde bis zu seinem Ende. Die imposanten Malereien zeigen auch den Schutzpatron der stillenden Mütter und Hirten.

Helper in times of need: According to legend, St. Ägidius was nourished by a doe. While the king was hunting, Ägidius protected the animal and was struck by an arrow. This injury made him feel connected to God, and he carried the wound until his death. The impressive paintings also depict the patron of nursing mothers and shepherds.

Entspannt durch den Tag und den Park. Wenige Minuten von der Stadtmitte entfernt befindet sich eine grüne Oase. Der Englische Garten in München, der Mauerpark in Berlin … die Ackeranlagen von Schwäbisch Hall können locker mithalten.

Relaxed in the park. Just minutes from the city center, you'll find a green oasis. The *Englische Garten* in Munich, *Mauerpark* in Berlin… the *Ackeranlagen* in Schwäbisch Hall can keep up with these renowned spaces.

Von dem Gelände der 300 Jahre alten Löwenbrauerei ist nur noch das Sudhaus erhalten. Ansonsten entstand hier im Jahr 2001 eine der besten Kunsthallen Europas. Hier gibt es zu sehen: imposante Ausstellungen, Weltklasse-Events und vor allem Kunst, die nah bei den Menschen ist.

From the grounds of the 300-year-old *Löwenbrauerei*, only the *Sudhaus* (brewhouse) remains. Otherwise, in 2001, one of Europe's top art galleries was established here. What you'll find: impressive exhibitions, world-class events, and, above all, art that connects deeply with people.

Es geht in der Sammlung Würth nicht um Superlative, obwohl die bekanntesten Namen der Welt zu sehen sind. Es geht nicht um Avantgarde, obwohl die Gegenwart einen wichtigen Platz in der Sammlung besitzt. In der Kunsthalle sind immer aufregende Ausstellungen zu sehen: Sensationell sind vor allem die Themen und ihre überraschenden Präsentationen.

The Würth collection is not about superlatives, despite featuring some of the world's most renowned names. It's not about avant-garde either, although contemporary art holds a significant place in the collection. What you'll experience at the art gallery are thrilling exhibitions: sensational are the themes and their surprising presentations.

Wer Richtung Weilertor läuft, ahnt noch nicht, was ihn auf halbem Weg erwartet: die schönsten Werke der alten Meister, die Holbein-Madonna, der Falkensteiner Altar, Werke von Lucas Cranach. Jedes Bild dieser Dauerausstellung erzählt eine Geschichte.

As you head toward *Weilertor*, you might not yet realize what awaits you halfway: some of the most beautiful works of the old masters, including the Holbein Madonna, the Falkensteiner Altar, and pieces by Lucas Cranach. Each painting in this permanent collection tells its own story.

Im Hochsommer liegt der Kocher da wie ein kleiner Amazonas. Die Bäume verengen den Blick übers Wasser. Ab und zu überwindet ein Kajak die Staustufen. In Schwäbisch Hall wie andernorts: Der Fluss durchzieht die Stadt wie eine Lebensader. In früherer Zeit transportierten hier die Flößer den wichtigsten Rohstoff für die Salzproduktion: Brennholz zum Sieden.

In the height of summer, the *Kocher* resembles a small amazon. The trees narrow the view across the water, and occasionally, a kayak navigates the weirs. In Schwäbisch Hall, as in many other places, the river flows through the city like a lifeline. In times past, raftsmen transported their essential raw material for salt production on the river: firewood for boiling.

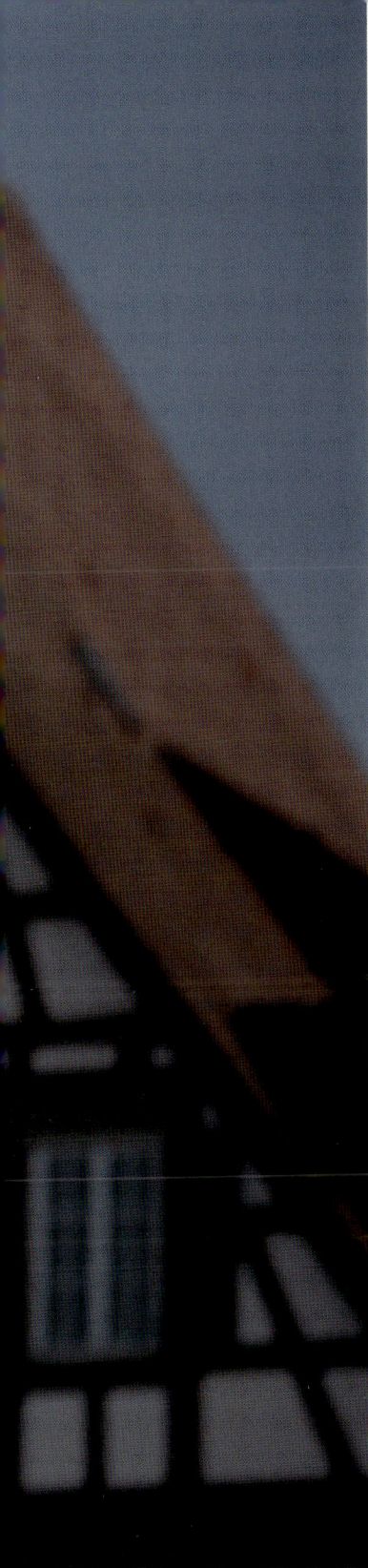

Die Neue Straße vom Marktplatz bis zur Henkersbrücke. Hier findet das Leben statt. Nicht zu verpassen: Ein Abstecher in die Straßen und Gassen nach links und rechts.

The Neue Straße, stretching from the market square to the Henkersbrücke, is where city life truly happens. Don't miss taking a detour into the side streets and alleys to the left and right.

Freizeitleben wie aus dem Bilderbuch: zum Bootsverleih auf der Mini-Golf-Insel und ab auf den Kocher. An schönen Tagen liegt kein Boot im Hafen. Wer entdeckt die Biberburg am Kocher?

Leisure time straight out of a picture book: head to the boat rental on the mini golf island and set out on the *Kocher*. On sunny days, no boat stays in the harbour. Who will spot the beaver's lodge?

folgende Doppelseite: Die Archebrücken sind ganz typisch für Hohenlohe. Massive Holzbauweise, an den Ufern aufgesetzt. Sie vermitteln den Eindruck: Bleib hier, die Brücke rettet dich, wenn eine große Flut kommt.

following Page: The arched bridges are characteristic of *Hohenlohe*: sturdy timber construction, set upon the riverbanks. They convey a reassuring message: "Stay here, the bridge will protect you."

Wenn 200 kulturhungrige Leute zusammenkommen, dann ist das meistens in der Hospitalkirche. Der barock anmutende Veranstaltungssaal, in dem der traditionelle Kunsthandwerkliche Weihnachtsmarkt stattfindet, ist auch beliebt bei Jazz-Fans.

When 200 culture enthusiasts gather, it's usually at the *Hospitalkirche*. This baroque-inspired event hall, home to the traditional artisanal Christmas market, is also a favorite spot for jazz fans.

Naturstein und Holz prägen Schwäbisch Hall. Und irgendwo hängt immer ein Blumenkasten oder eine andere Nettigkeit. Einfach weil es schön ist. Die frühere Gerberei sitzt direkt auf der alten Stadtmauer auf. So viele Balkone? Sie dienten zum Trocknen des Leders.

In Schwäbisch Hall, natural stone and wood set the tone, and you'll always find a flower box or some other charming detail adding to the town's beauty. The old tannery, positioned directly on the ancient city wall, features numerous balconies once used for drying leather.

Das Hällisch-Fränkische Museum im Keckenturm ist immer beflaggt. Alles zur Bau- und Kulturgeschichte der Stadt ist hier zu erfahren. Abwechselnd gibt es immer wieder beeindruckende Ausstellungen zum Früher und Heute.

The *Hällisch-Fränkisches Museum* in the *Keckenturm*. The museum proudly displays its flags year-round. It offers insights into the city's architectural and cultural history. Regularly, it features impressive exhibitions that highlight both historical and contemporary aspects.

Der schönste Spielplatz ist das Kocher-Ufer. Die Kinder, die dort spielen, erinnern daran, dass auf dem Unterwöhrd mal ein Kurbad war. Womöglich ist dabei geblieben : die Entspannung, die man hier finden kann.

The most beautiful playground is the *Kocher* riverbank. Children playing by the river remind us that there was once a health retreat on *Unterwöhrd*. Perhaps the only thing that remains is the relaxation that you can still find here.

Faust, der Wunschpunsch, die Preußler-Klassiker: All das spielt Gerhards Marionettentheater. Seit 100 Jahren werden hier kunstvoll und traditionell Stücke mit Marionetten für Groß und Klein aufgeführt. Die vielen Figuren gehören fast schon zum Stadtbild.

Faust, the Night of Wishes, and Preußler classics: Gerhardt's marionette theatre brings these beloved stories to life. For 100 years, this theatre has been delighting audiences of all ages with intricately crafted puppets. The characters have become an integral part of the city's charm.

Die Bausparkasse hat Schwäbisch Halls Namen überall bekannt gemacht. Hier steht seit den Kriegsjahren die Zentrale. Wegen der auffälligen Architektur nennt man das Gebäude auch „Die Büchs". Der Turm ist 44 Meter hoch, zweieinhalb Meter kleiner als der Turm von St. Michael.

The *Bausparkasse* has brought Schwäbisch Hall's name to prominence across the country. Since the war years, its headquarters have stood proudly here. Due to its striking architecture, the building is affectionately known as "Die Büchs" ("the can"). Its tower reaches a height of 44 meters, just two and a half meters shorter than the tower of St. Michael's.

Die Stadt der Treppen, auch der kleinen Treppchen. Überall gibt es sie: Querverbindungen, deren Namen kein Mensch kennt, verwinkelt und nur für Wissende. Es ist rührend, einen Ort zu haben, der nur für Fußgänger gedacht ist: die beste und schnellste Art, sich hier fortzubewegen.

The city of stairs and little steps. They are everywhere: winding pathways and hidden connections that only locals know. It's delightful to have a place only for pedestrians – the best and quickest way to get around in Schwäbisch Hall.

Die Oberlimpurg war für drei Jahrhunderte der Sitz der Schenken von Limpurg. Sie waren die Mundschenken der Könige, begleiteten Krönungen genauso wie Kriegszüge. Von der Ruine ist nicht mehr viel zu sehen. Sie liegt für alle Zeit im Dornröschenschlaf. Die Limpurger waren verfeindet mit den Hallern. Die Haller erkannten sie nicht als ihre Herren an und die Limpurger hätten eine Stadt wie Hall für ihr kleines Reich gut gebrauchen können.

For three centuries, the *Oberlimpurg* was the seat of the *Schenken von Limpurg*, who served as cupbearers to kings, attending coronations and joining military campaigns. Today, little remains of the ruins, which lie in an eternal slumber like the Sleeping Beauty. The *Limpurger* were at odds with the citizens of Schwäbisch Hall, who refused to recognize them as their lords. The *Limpurger*, however, would have greatly benefited from having a city like Schwäbisch Hall within their small realm.

Zwischen Steinbach und Unterlimpurg steht das alte Zollhaus. Es gibt immer noch Rätsel auf. Neben zwei Wappen aus Schwäbisch Hall ist ein weiteres zu sehen, das noch nicht zugeordnet werden konnte. Für lange Zeit was diese malerische Straße die Hauptverkehrsroute nach Hall.

Between *Steinbach* and *Unterlimpurg* lies the old toll house, still shrouded in mystery. Alongside two crests from Schwäbisch Hall, there is another one that remains unidentified. For a long time, this picturesque road served as the main route into Schwäbisch Hall.

Steinbach, am Fuß der Comburg, ist heute einer der schönsten Vororte von Hall. Hier steht auch die Kirche St. Johannes Baptist, die älteste der ganzen Stadt. Sie wurde um 1100 das erste Mal erwähnt und ist die Mutterkirche der vielfach größeren Kirche St. Michael.

Steinbach, nestled at the foot of the *Comburg*, is now one of the most charming suburbs of Schwäbisch Hall. It is also home to St. Johannes Baptist Church, the oldest in the entire city. First mentioned around 1100, this church is the mother church of the much larger St. Michael's Church.

Jeder Winkel atmet Geschichte, Heiligenfiguren in Wandnischen, gerauchtes Holz an den Fassaden oder spontane Begegnung mit mähenden Naturphänomenen.

Every corner here breathes history, with statues of saints in wall niches, smoked wood on the facades, and the occasional unexpected encounter with nature's bleating wonders.

Hier läuft alles über vor Pracht: In der Stiftskirche St. Nikolaus atmet man barocken Prunk, kann sich an vergoldeten Figuren und Formen nicht sattsehen. Bereits die Dramaturgie des Aufstiegs zur Anlage ist ein Erlebnis: über das lebendige Kopfsteinpflaster durch drei massive Tore. Was erwartet einen da?

Overflowing with splendour: In St. Nicholas' Collegiate Church, you breathe in baroque opulence and cannot get enough of the gilded figures and forms. Even the dramatic ascent is an experience: over lively cobblestones and through three massive gates. What awaits?

Ein „Leck's Fiedle" an der Außenmauer der Comburg zeigt dem Teufel den Allerwertesten. Der muss nämlich draußenbleiben.
Vor allem die romanischen Bauten ziehen einen in den Bann. Wer unter der Sechseckkapelle durchgeht, wird staunen: Ein dreidimensionales Würfel-Muster im Durchgang wirkt wie eine optische Täuschung der Moderne.

A "Leck's Fiedle" on the outer wall of the *Comburg* shows the devil its backside, making sure he stays outside. The Romanesque architecture especially captivates visitors. Passing beneath the hexagonal chapel, one is amazed: a three-dimensional cube pattern in the passageway appears like a modern optical illusion.

Der Radleuchter in St. Nikolaus wird an Weihnachten und Ostern heruntergelassen und entzündet. Er wurde während des Bauernkriegs vergraben, verrostete und wurde später nachlässig angestrichen. 1848 riss das Seil bei der Christmette und er stürzte auf die Kirchenbänke. Danach entdeckte ein Haller Zeichenlehrer, was für eine kunstvolle Arbeit unter der Farbe steckte und restaurierte ihn behutsam.

The chandelier in St. Nikolaus is lowered and lit up during Christmas and Easter. It was buried during the Peasants' War, rusted, and was later painted carelessly. In 1848, the rope broke during the Christmas mass, and it fell onto the church pews. A local art teacher then discovered the intricate craftsmanship hidden beneath the paint and carefully restored it.

Zeittafel

4000 v. Chr./Jungsteinzeit
Erste Zeugnisse einer Siedlung in Schwäbisch Hall.

780 v. Chr.
Kelten bauen an der Stelle der Altstadt eine Saline, um Salz zu gewinnen.

1078
Die Grafen Burkhard, Rugger und Heinrich stiften das Kloster Großcomburg.

1156
Erste urkundliche Erwähnung von Schwäbisch Hall und Hinweis auf die Weihe der Kirche St. Michael.

1189
Hall wird reich mit Salz und Silbermünzen. Hier prägt man den „Heller", der Verbreitung im ganzen Reich findet.

1204
Urkunde spricht von Hall als Stadt und von Salzpfannen: Das Wasser aus dem Salzbrunnen lässt man über dem Feuer in den Pfannen verdampfen. Übrig bleibt reines Salz.

1316
Ein Stadtbrand zerstört Teile der frühen Stadt.

1472
Beginn der 14-Nothelfer-Wallfahrt auf den Hausberg Einkorn. Die Ruine der Wallfahrtskirche kann noch als Ausblicksturm bestiegen werden.

1543
Johannes Brenz führt die Haller Kirchenordnung ein. Damit ist die Stadt reformiert.

1644
Haller Hexenbad: Vermeintliche Hexen wirft man in den Kocher. Ertrinken die Frauen, gelten sie als unschuldig. Können sie schwimmen, ist das hochverdächtig.

1724
Die Haller Löwenbrauerei wird gegründet. Sie ist bis heute ein Familienbetrieb.

1728
Ein Stadtbrand zerstört zwei Drittel der Altstadt: 300 Häuser, zwei Kirchen, das Rathaus und das Spital. An der Stelle der Kirche St. Jakob errichtet man das neue barocke Rathaus von 1735.

1788
Buchdrucker Philipp Ernst Rohnfelder gibt das „Hallische Wochenblatt" heraus. Damit ist das Haller Tagblatt eine der ältesten Zeitungen in Deutschland.

1827
Kurstadt Hall: Auf dem Unterwöhrd errichtet man ein Solbad mit Wasser aus dem Haalbrunnen. In dieser Tradition steht noch das heutige Solebad im Hotel Hohenlohe.

1827
Ein Vertrag zwischen Württemberg und den Haller Salzsiedern überträgt den Besitz der Saline auf den Staat. Dafür erhalten die männlichen Nachkommen der Siederfamilien bis heute eine kleine Rente.

1844
Der Dichter Eduard Mörike und seine Schwester Klara wohnen für ein halbes Jahr in der Oberen Herrngasse 7. Hier entdeckt Mörike seine Leidenschaft für versteinerte Fossilien.

1846
In der Salinenstraße wird das Landesgefängnis eröffnet, bekannt als „Kocherhotel". In das Gebäude zieht 2011 das „Haus der Bildung" mit Volkshochschule und Städtische Musikschule ein. Auf dem Gelände entsteht das Wohn- und Einkaufsviertel Kocherquartier.

1862
Einweihung des Haller Bahnhofs. Bei diesem Fest findet nach Jahrzehnten wieder ein Tanz der Sieder statt. Die alten Siedertraditionen werden seitdem wiederbelebt – vor allem das Kuchen- und Brunnenfest.

1925
Theaterstadt: Das Kurtheater führt mit Laien Hofmannsthals „Jedermann" auf der Treppe vor St. Michael auf – die Geburtsstunde der Freilichtspiele. Das sind heute die zweitältesten Freilichtspiele Deutschlands.

1938
In Schwäbisch Hall brennen die Synagoge und Gebeträume. An das jüdische Leben und die Verfolgung erinnern heute der Gedenkstern auf dem Marktplatz, eine Plakette an der früheren Synagoge in Steinbach, der jüdische Friedhof, der Betsaal im Hällisch-Fränkischen Museum und Stolpersteine.

1944
Wegen des Kriegs wird die „Bausparkasse der deutschen Volksbanken" in Berlin evakuiert. Sie setzt ihre Arbeit im Hotel Adelshof am Haller Marktplatz fort.

1965
Schwäbisch Hall ist die kleinste Stadt mit eigenem Goethe-Institut. Im selben Jahr reisen Königin Elisabeth II. und Prinz Philip nach Schwäbisch Hall und besuchen ihre Verwandten aus dem Haus Hohenlohe-Langenburg.

1982
Gerhards Marionettentheater zog 1943 nach Schwäbisch Hall. Es ist in diesem Jahr das älteste und größte Marionettentheater in Baden-Württemberg.

1984
Die Gründerväter der Bäuerlichen Erzeugergemeinschaft Schwäbisch Hall (BESH) retten mit sieben Mutterschweinen und einem Eber das Schwäbisch-Hällischen Landschwein vor dem Aussterben.

1988
Das Hällisch-Fränkische Museum bezieht den Keckenturm, das älteste Gebäude der Stadt von 1240.

2001
Reinhold Würth errichtet die Kunsthalle Würth und macht in Ausstellungen seine bedeutende Privatsammlung für moderne Kunst zugänglich. 2008 folgt die Dauerausstellung „Alte Meister in der Sammlung Würth" in der Johanniterkirche.

2010
Der erste Gipfel der Weltmarktführer findet statt. Schwäbisch Hall-Hohenlohe ist die Region der meisten Weltmarktführer auf engem Raum.

2011
Die Schwäbisch Hall Unicorns (TSG Schwäbisch Hall) gewinnen zum ersten Mal den German Bowl im American Football.

2019
Die erste Spielsaison für das Neue Globe. An derselben Stelle stand zuvor ein hölzernes Globe-Theater, ein Nachbau des Theaters von William Shakespeare in London.

2025
Das große Jubiläumsjahr in Schwäbisch Hall: 100 Jahre Freilichtspiele, 100 Jahre Gerhards Marionettentheater, 60 Jahre Goethe-Institut

Timeline

4000 BC/Neolithic Age — First evidence of a settlement in Schwäbisch Hall.

780 BC — The Celts establish a salt plant at the site of the old town.

1078 — Counts Burkhard, Rugger, and Heinrich found the *Großcomburg* Monastery.

1156 — First documented mention of Schwäbisch Hall and reference to the consecration of St. Michael's Church.

1189 — *Hall* becomes wealthy through salt and silver coins. The "Heller," minted here, gains widespread use throughout the empire.

1204 — A document refers to *Hall* as a city and mentions salt pans: water from the salt spring is evaporated over fire in the pans, leaving behind pure salt.

1316 — A city fire destroys parts of the early town.

1472 — Start of the Fourteen Holy Helper pilgrimage to mountain *Einkorn*. The ruins of the pilgrimage church can still be climbed as a lookout tower.

1543 — Johannes Brenz introduces the church ordinance, officially reforming the city.

1644 — Haller witch trial: Alleged witches are thrown into the river *Kocher*. If the women drown, they are considered innocent. If they can swim, it is highly suspicious.

1724 — The brewery *Löwenbrauerei* is founded. It remains a family business to this day.

1728 — A city fire destroys two-thirds of the old town: 300 houses, two churches, the town hall, and the hospital. The new baroque town hall, built in 1735, is erected on the site of St. Jakob's Church.

1788 — Printer Philipp Ernst Rohnfelder publishes the "Hallische Wochenblatt". This makes the *Haller Tagblatt* one of the oldest newspapers in Germany.

1827 — A brine bath is built on the *Unterwöhrd* island, using water from the *Haalbrunnen* spring. This tradition continues with today's brine bath at the *Hotel Hohenlohe*.

1827 — A contract between Württemberg and the salt makers of Hall transfers ownership of the saltworks to the state. In return, the male descendants of the salt maker families receive a small pension up to this day.

1844 — The poet Eduard Mörike and his sister Klara live for six months at *Obere Herrngasse 7*. Here, Mörike discovers his passion for fossils.

1846 — The state prison, known as the *Kocherhotel*, opens on *Salinenstraße*. In 2011, the building becomes home to the *Haus der Bildung*, including the adult education center and the municipal music school. Today, the *Kocherquartier* residential and shopping district is built on the grounds.

1862 — Inauguration of the railway station. During this celebration, the traditional dance of the salt makers is revived after decades. The old salt maker traditions comes alive again, especially with the *Kuchen- und Brunnenfest*.

1925 — Theatre city: The theatre performs Hofmannsthal's "Jedermann" with amateur actors on the steps of St. Michael's Church - marking the birth of the open-air theatre festival, now the second oldest in Germany.

1938 — The synagogue and prayer rooms in Schwäbisch Hall are set on fire. Today, the memorial star on the market square, a plaque at the former synagogue in *Steinbach*, the Jewish cemetery, the prayer room in the *Hällisch-Fränkisches Museum*, and the *Stolpersteine* commemorate Jewish life and persecution.

1944 — Due to the war, the *Bausparkasse der deutschen Volksbanken* is evacuated from Berlin. It continues its work at the *Hotel Adelshof* on the Hall market square.

1965 — Schwäbisch Hall becomes the smallest town with its own *Goethe-Institut*. In the same year, Queen Elizabeth II and Prince Philip visit Schwäbisch Hall and meet their relatives from the House of Hohenlohe-Langenburg.

1982 — *Gerhard's Marionettentheater*, which moved to Schwäbisch Hall in 1943, becomes the oldest and largest marionette theatre in Baden-Württemberg.

1984 — The founding fathers of the *Bäuerliche Erzeugergemeinschaft Schwäbisch Hall* (BESH) save the *Schwäbisch-Hällische Landschwein* (local pig) from extinction with seven sows and a boar.

1988 — The *Hällisch-Fränkische Museum* moves into the *Keckenturm*, the oldest building in the city, dating back to 1240.

2001 — Reinhold Würth establishes the *Kunsthalle Würth*, making his significant private collection of modern art accessible through exhibitions. In 2008, the permanent exhibition "Alte Meister in der Sammlung Würth" opens in the *Johanniter*-church.

2010 — The first summit of world market leaders takes place. Schwäbisch Hall-Hohenlohe is the region with the highest concentration of world market leaders in a small area.

2011 — The Schwäbisch Hall Unicorns (TSG Schwäbisch Hall) win the German Bowl in American football for the first time.

2019 — The first season for the New Globe theatre begins. Previously, a wooden globe theatre, a replica of William Shakespeare's theatre in London, stood on the same site.

2025 — Schwäbisch Hall's grand anniversary year: 100 years of the open-air theatre *Freilichtspiele*, 100 years of *Gerhard's Marionettentheater*, 60 years of the *Goethe-Institut*.

Matthias Slunitschek, Jahrgang 1985, ist promovierter Germanist, Autor, vierfacher Papa und Verleger bei Molino. Mit Friedel, dem Schwäbisch-Hällischen Landschweinchen, hat er einen lustigen Bilderbuchcharakter erfunden, der zugleich eine Hommage an seine Wahlheimat ist. Für den Bildband „Schwäbisch Hall. Die Schönheit am Kocher" verfasst er eine Liebeserklärung an diese Stadt, die ihn jeden Tag inspiriert.

Stefan Weigand, Jahrgang 1978, leitet eine Agentur für Buch- und Webgestaltung und wird als Konzeptions-Berater bei Buchprojekten gebucht. Nach dem Theologie- und Philosophie-Studium in Würzburg und Indien war er zunächst Sachbuch-Lektor in einem großen deutschen Verlag. Seit seiner Jugend begeistert er sich für Fotografie und lässt sich von Architektur, Lichtspielen und Momentaufnahmen in den Bann ziehen. Mit seiner Familie lebt er in einem der alten Häuser Steinbachs.

Matthias Slunitschek, born in 1985, holds a PhD in German studies, is an author, father of four, and publisher at Molino. He created "Friedel, das Schwäbisch-Hällische Landschweinchen", a charming picture book character that also serves as a homage to his adopted hometown. For the book „Schwäbisch Hall: Schönheit am Kocher," he writes a heartfelt tribute to the city, that inspires him every day.

Stefan Weigand, born in 1978, runs an agency for book and web design and is hired as a concept consultant for book projects. After studying theology and philosophy in Würzburg and India, he initially worked as a non-fiction editor at a major German publishing house. He has been passionate about photography since his youth and is captivated by architecture, plays of light, and capturing moments. He lives with his family in one of Steinbach's old houses.

Die Deutsche Nationalbibliothek verzeichnet diese Publikation in der Deutschen Nationalbibliografie; detaillierte bibliografische Daten sind im Internet über http://dnb.ddb.de abrufbar.

Slunitschek, Matthias (Autor)
Weigand, Stefan (Fotograf)
Schwäbisch Hall
Die Schönheit am Kocher
ISBN 978-3-948696-91-7

Wenn nicht anders angegeben: Fotografien © Stefan Weigand

Foto der Sieder © Ufuk Arslan
Innenaufnahme der Kunsthalle Würth © Würth/Julia Schambeck
Foto der Schutzmantelmadonna © Würth/ Ufuk Arslan
Innenaufnahme Johanniterkirche © Würth/ Andi Schmid

Gesamtgestaltung: wunderlichundweigand, Schwäbisch Hall
Druck und Bindung: GRASPO CZ, a.s.

© 2024 Molino Verlag GmbH, Schwäbisch Hall und Sindelfingen
Alle Rechte vorbehalten.